50 Consejos de Oro para tu HAMSTER

AF274803

AMANDA O'NEILL

HISPANO EUROPEA

La autora   Amanda O'Neill nació en Sussex, en 1951, y estudió en la Universidad de Exeter, donde se graduó en literatura medieval. Siempre se ha rodeado de diversas mascotas, desde conejos y jerbos hasta caracoles gigantes. Actualmente vive en los Midlands, Inglaterra, con su marido y su hijo, junto con cinco perros, un gato, hamsters de Roborowski y una colección de peces de colores.

Nota sobre este libro: Los consejos que se dan en este libro se refieren principalmente al cuidado de los hamsters dorados, ideales para tener en casa. Aunque se describen e ilustran otras variedades de hamsters, los *lectores deben tener presente que los consejos sobre cuidados se concentran en el hamster dorado.*

Índice

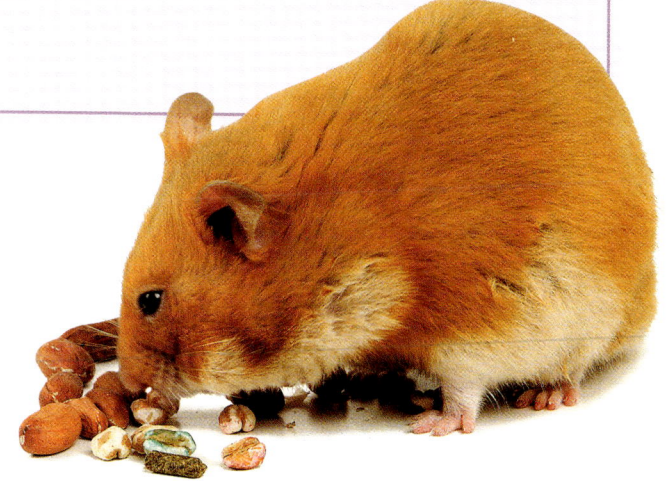

INTRODUCCIÓN

1

Hay 24 especies de hamster

Pocas son adecuadas para mascotas, y de éstas el hamster dorado o sirio, es la más conocida. Por el contrario, su historia en la naturaleza es oscura. Después de descubrirse el primer ejemplar en el desierto de Siria en 1839, se creyó que la especie se había extinguido hasta 1930, en que se capturó a una hembra y a su camada en Siria. El hamster dorado desapareció otra vez en la naturaleza hasta la década de 1980. Sin embargo, la única familia en cautividad crió prolíficamente, y en la década de 1940 la especie se introdujo como mascota. Todo hamster vivo actualmente es descendiente directo de los capturados en 1930.

Los hamsters pueden llegar a ser mansos muy pronto.

2

Mascotas perfectas para el estilo moderno de vida

Los hamsters son criaturas del alba y del crepúsculo. Esto les hace mascotas ideales para dueños que están todo el día fuera de casa en el trabajo o en la escuela, dado que duermen la mayor parte del día, y se despiertan más o menos a la hora en que la familia humana vuelve a casa. Son atractivos, entretenidos, fáciles de cuidar y fáciles de domesticar si se les maneja frecuentemente. A diferencia de la mayoría de pequeñas mascotas roedoras, carecen de cola, lo cual les confiere una apariencia redonda y mimosa. Son criaturas muy limpias y no huelen, siempre que se laven regularmente sus hogares.

Después del gasto inicial de comprar una jaula, las restantes necesidades del hamster cuestan poco.

Todas las mascotas requieren cierto grado de compromiso

Los hamsters sólo son divertidos si estás preparado para dedicar tiempo y esfuerzo en su mantenimiento. Los futuros dueños de un hamster deben estar predispuestos a pasar cierto tiempo cada día dando a su mascota agua, alimento, así como a limpiarle y manejarle. Necesitarás paciencia para domesticar a un nuevo hamster antes de poder disfrutar de la mutua compañía. Además, deberás respetar el reloj corporal del hamster, y dejarle dormir sin estorbarle durante el día. Si hay niños pequeños en la casa, necesitarán supervisión hasta que tengan edad suficiente para comprender que estos animales no son juguetes y requieren consideración.

Arriba: Tu mascota depende de ti para que le suministres los alimentos adecuados.

Ideas
de Oro

4

PRECAUCIONES CON LA CAPA

Tanto los hamsters Rex como los Satin pueden producir camadas con problemas de capa. Los primeros Rexes tenían una capa floja, y todavía se dan casos. Si los Satins se aparean con otros Satins tienen descendencia con piel muy fina.

MEZCLAS POPULARES

Los hamsters criados para exhibición deben adecuarse a los estándares establecidos de color y marcas. Por ejemplo, los hamsters manchados o moteados deben tener marcas simétricas. Los de las tiendas de mascotas suelen ser de razas mezcladas, y pueden presentar cualquier color.

PASTEL O BRILLANTES

Los hamsters con capas de pelo largo y los Rex tienen un color influyente, que es más pálido que en la versión de capa normal. Estos colores diluidos son suaves y a menudo muy atractivos. En contraste, la capa del Satin tiende a aumentar la profundidad del colorido, por lo cual pueden llegar a ser brillantes.

Una capa de muchos colores

Aunque la especie se denomina a menudo hamster dorado (*Golden Hamster*), los criadores han desarrollado numerosas variedades de color. El dorado-moreno original (considerado todavía frecuentemente la variedad más sana y más longeva) se ha modificado para producir matices que van del dorado oscuro, pasando por el canela y miel, hasta toda la gama de crema y rubio. También hay negros, blancos y varias tonalidades de grises. Además de las variedades de color uniforme, hay tipos mezclados, incluyendo carey o con pintas (con grandes manchas de blanco, amarillo y un tercer color), con franjas (con un cinturón blanco alrededor del cuerpo) y moteados. Los ojos pueden ser negros, rojos o rosados.

El hamster chino es mucho más pequeño que el sirio, y tiene unos 7 cm de longitud.

Los hamsters chinos tienen dos colores predominantes: gris-marrón normal o con manchas blancas.

La mayoría de hamsters son de pelo corto

Sin embargo, los criadores han desarrollado otras tres variedades de capa, cualquiera de éstas puede aparecer en cualquier color. Los Satins son de capa corta, con pelo suave y muy brillante. Los Rexes tienen una capa ondulada y enmarañada, con bigotes rizados. La variante más popular de capa es la de pelo largo, también conocida como Angora o Teddy Bear (osito de felpa). Los hamsters de pelo largo son bolitas encantadoras de pelo suave, pero necesitan cuidados muy especiales. No están preparados para acicalar tanto pelo por sí solos, por lo que hay que cepillarlos regularmente para impedir que sus capas formen marañas.

Otras especies de hamster comúnmente utilizadas como mascotas

En años recientes los dueños de mascotas han tenido a su disposición varias especies de hamsters enanos, especialmente los hamsters chinos, los rusos y los de Roborowski. Parecidos a ratoncitos sin cola, son mascotas deliciosas de observar, pero menos amistosas y más difíciles de manejar que los dorados. Se mueven mucho más rápidamente (y son capaces de saltos asombrosos), y tienen un estilo de vida muy diferente. Los hamsters dorados prefieren alojamientos solitarios; los enanos son sociables y necesitan vivir en parejas o en colonias. Por tanto, cualquier error en la determinación del sexo de tus hamsters enanos, puede llenarte de cachorritos. También pueden ser muy pendencieros.

Sirio de ojos negros y pelo largo marfil. Abajo: Ruso normal invierno blanco.

Los hamsters sirios se presentan en una gama más amplia de colores que las especies enanas. De arriba abajo: Hembra siria dorada oscura, un trio de hamsters enanos de Roborowski, Sirio con mancha dominante paloma, Sirio amarillo.

SELECCIÓN DE UNA MASCOTA

¿Dónde puedo comprar mi hamster?

La mayoría de tiendas de mascotas ofrecen una atractiva selección de hamsters, con la ventaja añadida de que puedes adquirir todos los accesorios en el mismo lugar. Compra solamente en tiendas con garantías de buen alojamiento, animales sanos y personal competente. Alternativamente, hay criadores que frecuentemente anuncian stocks para la venta, y entonces se han de aplicar las mismas reglas. Otra fuente alternativa a considerar son las guarderías de animales locales. A menudo tienen una selección de hamsters sanos, pero sin hogar, que buscan adopción.

Orejas limpias

La glándula odorífera puede ser visible en la cadera

Ojos claros y brillantes, sin secreciones

Nariz limpia y respiración normal

Bolsa de la mejilla

¿Cómo elegir a un hamster sano?

Debido a que los hamsters duermen la mayor parte del día, puede ser que estén dormidos cuando vayas a verlos. Sin embargo, si se les despierta suavemente, pueden sentir curiosidad y salir. Si permanecen perezosos, puede ser señal de enfermedad. Busca un pelo brillante, un trasero limpio (la suciedad puede indicar diarrea), una respiración acompasada (los jadeos pueden ser señal de enfermedad respiratoria) y ojos claros y brillantes. Fíjate también en el alojamiento de los hamsters –una jaula sucia y abarrotada significa un hamster potencialmente enfermo–. Ten en cuenta que una mancha oscura en cada cadera no es un problema, sino una glándula odorífera, no siempre oculta por el pelo.

Hamster macho   Hamster hembra

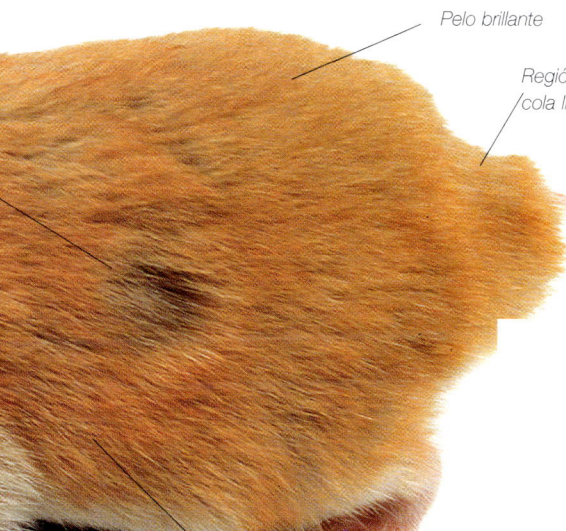

Pelo brillante

Región de la cola limpia

Cuerpo redondeado

¿Un hamster o dos?

La mayoría de mascotas pequeñas son infelices cuando están en un confinamiento solitario. El hamster dorado es una excepción a esta regla. No compres dos hamsters para que se hagan compañía. Si intentas que los dos estén juntos, se pelearán –probablemente hasta la muerte–. Un hamster no se encontrará solo, ya que éste es su estado natural. Si deseas tener dos, tendrás que mantenerlos en jaulas separadas.

¿MACHO O HEMBRA?

Son buenas mascotas los hamsters de ambos sexos. Para determinar el sexo, controla la distancia entre el ano y la abertura genital, que es más amplia en el macho que en la hembra. Los machos adultos tienen un trasero más puntiagudo que las hembras. Sin embargo, es muy difícil sexar a los jóvenes, y pueden cometerse errores fácilmente.

TRANSPORTE

Necesitarás una pequeña caja de transporte ventilada para llevar a tu hamster a casa. La mayoría de tiendas de mascotas suministran una caja de cartón, adecuada para viajes cortos. Alternativamente, vale la pena comprar un pequeño recipiente de plástico, que es más seguro y será útil como «cercado de reserva» cuando limpies la jaula.

¿DE QUÉ EDAD?

Los cachorritos de hamster se destetan a las tres o cuatro semanas y están listos para ir a un nuevo hogar cuando cuentan unas seis semanas. A esta edad están en su mejor momento para domesticarlos. Si decides adoptar a un adulto, necesitarás paciencia extra.

ALOJAMIENTO DE TU HAMSTER

Abajo: Los sistemas de conexión de plástico articulado permiten que un hamster explore y acceda a diferentes «habitaciones»

10

Las jaulas tradicionales de alambre tienen dos ventajas

Las paredes de alambre proporcionan una estructura para trepar, y eso gusta a los hamsters. También permiten una buena ventilación, lo cual ayuda a prevenir enfermedades respiratorias. Si eliges una jaula de alambre, procura que tenga una bandeja de plástico profunda como base –cuanto más profunda, mejor– para rellenarla con serrín y satisfacer así los instintos de refugio del hamster. Sin embargo, no elijas este tipo si tienes un gato en casa, pues éstos pueden pasar fácilmente sus garras a través del alambre, y podrían matar o herir a tu mascota.

11

Los tanques también tienen ventajas

Los tanques estilo acuario, de vidrio o de plástico, también son buenos hogares para el pequeño roedor, siempre que tengan una tapa bien ventilada. Proporcionan buena visibilidad, están a prueba de gatos y son fáciles de limpiar, y de admitir una buena profundidad de serrín como refugio sin que se derrame. Hay que ser consciente de que la ventilación en un tanque es más limitada, por lo que es muy importante una limpieza frecuente para eliminar el olor de orina. También puedes proporcionar elementos para trepar dentro del tanque, con el fin de mantener a tu hamster sano y en forma.

Arriba: Los tubos sirven como túneles y también como estructuras para trepar.

12 Los sistemas de conexión o acumulación de tubos son cada vez más populares

Estos hogares extensibles compuestos por secciones de plástico conectadas se diseñan para reproducir un refugio del hamster salvaje. Puedes conectar tantas «habitaciones» como gustes con tubos de plástico, permitiendo que tu hamster tenga un dormitorio separado, un comedor, una despensa y una sala de juegos en diferentes niveles, tal como haría en la naturaleza. A veces los más viejos han crecido demasiado para maniobrar cómodamente a través de los tubos, pero los jovencitos ágiles se beneficiarán de las oportunidades de hacer ejercicio.

Ideas de Oro

TAMAÑO DE LA JAULA

Los hamsters utilizan zonas separadas para comer, dormir, jugar y para propósitos higiénicos, por lo que necesitan espacio. El tamaño mínimo ha de ser de 25 x 40 x 25 cm, pero cuanto mayor sea la jaula, mejor.

ACCIÓN DE ROER

Los hamsters roen constantemente para mantener la salud dental, por tanto sus hogares deben estar a prueba de esta acción. Las jaulas de madera dejaron de estar de moda por esta razón, pero ¡no todas las jaulas de plástico son seguras al respecto! Controla puntos vulnerables en las junturas y las tapas, pues tu hamster podría morder en ellos.

ARRIBA Y ABAJO

Las jaulas de alambre tienen frecuentemente dos pisos, y algunos tanques están provistos de un estante, accesible por una escala. Vale la pena escoger un hogar con un piso extra para que tu mascota tenga más espacio vital. Es probable que masque las escalas de plástico muy pronto, por lo que es preferible una escala metálica más duradera.

13 Elige un lugar adecuado para la jaula

No la coloques orientada directamente hacia el sol, ni en una corriente de aire. Tampoco se debe colocar sobre el suelo, sino sobre una mesa recia o sobre un estante. Elige un lugar tranquilo, donde no se perturbe el sueño del hamster durante las horas del día. La temperatura es importante –la temperatura agradable de la sala de estar para las personas es adecuada para tu mascota–. En una habitación sin calefacción o en un cobertizo, podría ser que los hamsters hibernaran en tiempo frío.

Ideas de Oro

EQUIPO

ACCESORIOS

Los hamsters agradecen poder disponer de una serie de agujeros y escondrijos para explorarlos. En las tiendas de mascotas tienen una amplia variedad de tubos especiales, estructuras y cajas. Alternativamente puedes reciclar objetos caseros corrientes, tales como aparatos para rollos de papel higiénico, cajitas vacías, desechos de tubos de PVC –los cuales no durarán mucho, pero son de fácil sustitución.

ORINALES PARA HAMSTER

Los hamsters adoptan un rincón en particular para usos higiénicos, lo que facilita mucho la limpieza. Aún puede ser más fácil si se suministra un «orinal para hamster», comercial o hecho en casa (puede servir un tarro limpio de mermelada). Se puede colocar un poquito de excremento para estimular su uso.

Los hamsters necesitan agua fresca a todas horas

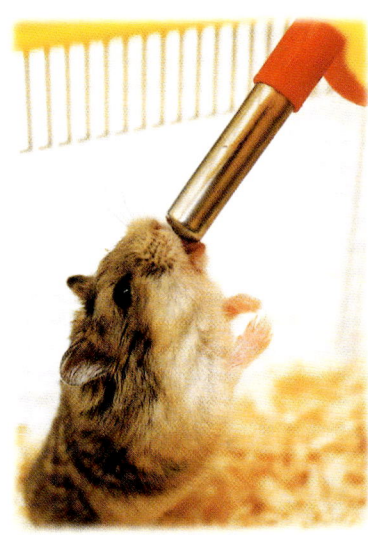

Una botella de agua, unida a los alambres de la jaula, o sujeta al lado de un tanque, con boquilla de succión, mantiene el agua limpia y evita salpicaduras. Asegúrate de que la boquilla esté al alcance del hamster y, en caso de que rezume, nunca la cuelgues encima del bol de comida o de la cama. Cambia el agua frecuentemente y controla la botella, pues tu pequeño roedor puede estar sediento si ha mascado la boquilla o ha obstruido la válvula con serrín.

Arriba: Los nidos de fibra natural son calientes y agradables.

UN NIDO AGRADABLE

Tu hamster deseará una cama blanda para forrar su nido. Puedes utilizar materiales para el nido, tales como heno desmenuzado, papel arrugado y una cama blanda mullida. No caigas en la tentación de utilizar algodón en rama, pañuelos de papel o fibras sintéticas, pues podrían ser una trampa mortal.

Los bols de comida deben ser bastante pesados para que no se vuelquen fácilmente

Los de plástico o de acero inoxidable suelen ser demasiado ligeros, pero los de loza vidriada son bastante sólidos para no volcarse, y además son fáciles de limpiar –basta lavarlos regularmente con agua caliente jabonosa y aclarar bien antes de volverlos a utilizar–. También deben ser suficientemente grandes para adecuarse al hábito peculiar del hamster, que suele sentarse en el bol de la comida mientras come.

ESENCIAL

16

Proporciona una capa gruesa de virutas de madera como cama

Las virutas son más seguras que el serrín fino, el cual puede irritar los ojos o los pulmones de un hamster. Las virutas que venden en las tiendas de mascotas tienen garantía de ser seguras para los animales pequeños, pero las de un aserradero pueden contener conservantes venenosos. También es aceptable el papel arrugado, pero se ha de evitar la cama de gato, que puede contener productos químicos peligrosos. Cubre el suelo con una capa de 8 cm de grosor al menos, para proporcionar profundidad suficiente para excavar. Esta acción es muy importante –¡en su hábitat natural pueden llegar a practicar excavaciónes de 2,5 m de profundidad!–.

17

No olvides la caja nido

A la mayoría de «hamsters» les gusta la caja-nido de plástico o de madera. En las tiendas de mascotas se pueden encontrar de tipos diversos, entre ellas cajas de dos pisos. La caja-nido

Arriba: Tanto si tu hamster decide dormir en su caja-nido como si traslada la cama para dormir en otro sitio, disfrutará entrando y saliendo por la puerta.

le proporciona a tu mascota una habitación privada, que también puede utilizar como despensa para almacenar su comida acaparada. Algunos hamsters preferirán siempre diseñar su propia zona nido, excavando túneles en las virutas, pero también es probable que disfruten trepando arriba y abajo en la caja suministrada.

ALIMENTACIÓN

18

El nombre «hamster» significa «acaparador»

Realmente los hamsters acaparan alimentos, lo cual significa que gran parte de los que le colocas en la jaula no los come, sino que se los lleva y los almacena. Tienen unas bolsas grandes en las mejillas, en las que pueden transportar casi la mitad del peso de su cuerpo en comida. Estas bolsas no se ven cuando están vacías, pero se hinchan enormemente cuando se llenan. Para satisfacer la necesidad de acaparar alimentos de tu hamster, debes suministrarle más comida seca de la que debería comer cada día. Otros alimentos perecederos deben suministrarse en pequeñas cantidades, para comerlos enseguida, pues no desearás que almacene lo sobrante simplemente para que se pudra.

19

Los alimentos secos son la base de la dieta del hamster

Puedes hacer tu propia mezcla de semillas, granos y frutos secos, pero es más sencillo utilizar una mezcla comercial para asegurar una dieta equilibrada. Demasiadas semillas de girasol o cacahuetes en la mezcla, engordan y pueden conducir a un hamster obeso. En vez de la tradicional mezcla de semillas, puedes comprar alimentos en píldoras. Mantén siempre los alimentos secos en condiciones higiénicas, y no utilices los que parezcan sucios o en mal estado.

Suplementa la dieta de semillas con frutas y verduras

20

Sin embargo, debes suministrarle alimentos frescos en pequeñas cantidades, para que el hamster los coma enseguida. Alimentarse sólo con alimentos frescos puede causa alteraciones digestivas.

Un flósculo de bróculi o una tajadita de manzana al día es suficiente. Es adecuado sumitrarles porciones de alimentos tales como: col, berro, perejil, y plantas silvestres tales como trébol, lgarroba, hierba cana (pero cuidado con plantas venenosas, tales como correhuela y ranúnculo), o una tajada de manzana, pera, zanahoria, rutabaga o nabo. Todas las verduras deben lavarse y sacudirse cuidadosamente antes de servirlas.

Incluye una pequeña cantidad de proteínas en la dieta

21

Cierta cantidad de proteínas en su dieta beneficia a los hamsters. Dos veces por semana, prueba a ofrecerle una rodaja de huevo duro, una cucharadita de queso fresco, huevos revueltos o yogur, o una tirita de pollo asado.

(Recuerda que has de retirar las porciones no ingeridas al cabo de un rato). Los alimentos vivos, tales como gusanos de la harina, grillos o saltamontes también son aceptables, dos o tres cada vez. Cómpralos en una tienda para mascotas, y nunca le des insectos de tu jardín, pues podrían estar contaminados por insecticidas.

CEREALES PURGANTES

Los hamsters necesitan tomar laxantes a veces, que pueden suministrarse ocasionalmente en forma de un manojo de avena o de heno, que también ayuda a mantener sanos los dientes. Puede ser que tu hamster decida utilizar el heno como material de nido y no como alimento, pero probablemente mordisqueará lo suficiente para que le siente bien.

SUMINISTRO DE AGUA

Tu hamster debe disponer de agua fresca en todo momento, incluso si nunca le has visto beber. Los hamsters que comen más alimentos frescos obtendrán la mayor parte de su ingesta de líquidos de su dieta; otros quizá necesiten beber más. Suministra agua fresca diariamente, no sólo cuando la botella esté vacía.

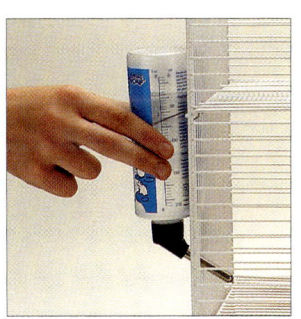

ALIMENTOS PELIGROSOS

Algunas frutas y verduras son malas para los hamsters –algunas veces, fatales–. Hay que evitar cebollas, cebollinos, puerros, lechuga, berenjenas, ajo y patatas crudas. Algunas de las frutas que implican riesgo son naranjas, limones y aguacates –también pepitas de manzana, huesos de melocotón y huesos de cereza–.

Ideas de Oro

BOCADOS

Las golosinas ayudan a ganarse la confianza de un hamster

Sin embargo, al igual que los seres humanos, los hamsters que comen demasiadas golosinas se vuelven obesos y poco sanos, por lo cual los bocaditos deben ser extras ocasionales, y no han de formar parte habitual de la dieta. Bocaditos sanos, tales como una uva o un cacahuete, serán tan apreciados como las golosinas industriales endulzadas, y en realidad puedes servir así el elemento de proteínas en la dieta de tu hamster como un bocadito «especial» dos veces por semana. Los bocaditos que suministras a mano ayudan a que tu mascota te asocie con experiencias agradables, pero recuerda que los hamsters tienen poca vista, y pueden morderte el dedo por error.

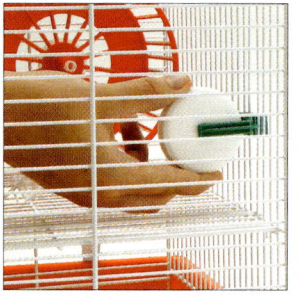

Arriba: Puede adherirse un bloque mineral a las rejas para su estabilidad.

Abajo: Los bocaditos de cereales, como este rollo de frutos secos, son sabrosos y proporcionan un ejercicio excelente para los dientes.

SUPLEMENTOS

Las tiendas para mascotas tienen variedad de vitaminas y suplementos minerales diseñados para pequeños roedores. Por lo general, si alimentas a tu hamster con una dieta bien equilibrada, no necesitará suplementos, pero un bloque mineral suele ser adecuado, no sólo como fuente de oligoelementos sino también para mantener los dientes sanos.

BUENO PARA LOS DIENTES

Una pequeña galleta para perro una vez por semana proporcionará a tu hamster algo sano para satisfacer sus necesidades de roer. También puede roer trocitos de tostadas secas, duras, o huesos de sepia, como las que venden para los periquitos.

Arriba: Ajústate a las golosinas preparadas específicamente para hamsters –¡los tostaditos, el chocolate o las galletas no deben figurar en el menú!–

Y GOLOSINAS

23

Las barritas de cereales pueden proporcionar ejercicio así como bocaditos

Las barritas de cereales producidas comercialmente han sido diseñadas para colgarlas en la jaula. Tu hamster disfrutará deshaciendo la barra para mordisquear los fragmentos, lo cual le estimulará a trepar, y sus dientes también se beneficiarán. Otros bocaditos comerciales tales como gotas de yogur, deben racionarse estrictamente –demasiada cantidad perjudicaría la esbeltez de tu mascota–. Hay que evitar cualquier bocadito dulce o salado para cosumo humano, tales como patatas fritas, dulces y bombones.

24

Los hamsters necesitan algo que roer

Las maderas para mascar no son sólo un bocadito, sino una necesidad para la salud dental. Las maderas comerciales para mascar son seguras y adecuadas. Alternativamente, puedes colocar en la jaula ramas pequeñas. Es más seguro utilizar madera de árboles frutales, tales como manzano, peral, ciruelo, espino y endrino. El sauce y el avellano son aceptables, pero otras muchas especies son venenosas para los hamsters. Nunca utilices ramas que hayan estado expuestas a pesticidas, o aquellas que estén cubiertas de moho o de hongos.

JUEGOS Y EJERCICIO

25

Los hamsters necesitan más ejercicio del que se podría esperar

Si se priva de ejercicio a los hamsters, crecerán flácidos y enfermizos. Tu hamster se beneficiará de los paseos por toda la casa una vez esté bastante domesticado para ser recuperado fácilmente. Las casas humanas están llenas de peligros para un hamster, por tanto procura que cualquier área que explore sea tan segura como sea posible. Recuerda que son roedores compulsivos, por consiguiente es necesario poner fuera de su alcance los cables eléctricos y las plantas de interior (que pueden ser venenosas).

Las ruedas para hamster son una gran idea, con moderación

26

Las jaulas pueden estar equipadas con una rueda para ejercicio estilo molino de rueda, o puedes comprar una por separado. Las ruedas macizas son más seguras que las ruedas con barrotes, y evitan el riesgo de que las patas queden atrapadas. A la mayoría de hamsters les encantan sus ruedas, tanto si eligen correr por el interior como por el exterior, y pueden correr seis o siete kilómetros al día. Algunos se convierten en adictos al ejercicio y corren hasta la extenuación, por lo cual es mejor no mantener permanentemente la rueda en la jaula.

Izquierda: Los accesorios para la jaula deben incluir oportunidades para explorar, trepar y entrar o salir por tentadores agujeros. Esta casa de dos pisos proporciona dos habitaciones y múltiples puertas.

Diversión con laberintos

Una caja grande de cartón con laterales altos es un lugar de juegos seguro para un hamster, en donde puedes instalar cajitas, tubos de cartulina y escalerillas. Tu mascota disfrutará explorando ese laberinto, que puede variarse cada vez.

Arriba a la izquierda: Las ruedas para ejercicio pueden ser de giro libre, o pueden colocarse sobre un soporte si el espacio es limitado.

Arriba: Los hamsters no pueden resistirse a un túnel tentador.

27

Las pelotas de ejercicio protegen a tu hamster fuera de su jaula

Si se utiliza sensatamente, una pelota de ejercicio de plástico ampliará los horizontes de tu hamster y ayudará a que se mantenga en forma. Dentro de la pelota ventilada, puede dar vueltas por la casa con un riesgo muy reducido de fugas o de lesiones. Sin embargo, no le dejes nunca que explore sin supervisión, y mantenle lejos de riesgos tales como peldaños y escaleras y, por supuesto, de puertas traseras abiertas. ¡Se ha encontrado a más de un hamster rodando alegremente por la calle en su pelota! Sobre todo, no le dejes rodar demasiado tiempo –de diez a veinte minutos cada vez es un ejercicio considerable–.

Riesgos de la altura

A los hamsters les gusta trepar, pero no dejes que tu mascota suba demasiado alto cuando explore la casa. Una caida tan sólo desde un metro de altura puede herirle o incluso matarle. Por la misma razón, ten extremo cuidado cuando manejes a tu hamster sobre una mesa –no le dejes corretear demasiado cerca del borde–.

La seguridad es lo primero

Unas sencillas precauciones de seguridad pueden evitar accidentes mientras tu hamster disfruta con su ejercicio. Asegúrate de que todos los juguetes y estructuras para trepar estén construidos con sustancias no tóxicas. Controla regularmente riesgos tales como bordes afilados, puntos débiles donde pudieran ingerirse y tragarse fragmentos, y ranuras donde pudieran atraparse las patas.

Ideas
de Oro

UNA CAPA SANA

Aunque la mayoría de hamsters no necesitan acicalado regular, conviene revisar su piel, lo que es un buen indicador de su condición física. Una piel brillante significa normalmente un hamster sano. Una piel encrespada y sin brillo es frecuentemente la primera señal de enfermedad.

GLÁNDULAS ODORÍFERAS

Una mancha oscura, húmeda o incluso calva, en la cadera de tu hamster no ha de ser motivo de preocupación. Ambos sexos tienen una glándula odorífera en cada cadera, que utilizan para marcar el territorio. Suele estar oculta por el pelo, pero los hamsters machos en época de reproducción suelen lamerla, haciéndola mucho más evidente.

EXAMEN DEL TRASERO

Sólo se tarda un momento en examinar diariamente el trasero de tu hamster. Un trasero sucio significa diarrea, que nunca debe pasarse por alto. Estos roedores son animales muy limpios, pero de vez en cuando se les pueden adherir deyecciones al pelo. Hay que eliminarlas con una esponja húmeda suave, procurando no mojar la piel.

ACICALADO Y

28

Los hamsters son remilgados con respecto al cuidado de su piel

Se acicalan a sí mismos constantemente, y los de pelo corto no necesitan ayuda de acicalado por parte de sus dueños. Si a tu hamster le gustan las caricias suaves, en caso de que lo desees, puedes introducir sesiones de cepillado con un cepillo suave de dientes. Eso no hace daño, y puede ayudar a eliminar trocitos de polvo residual adheridos a la piel. La principal ventaja radica en acostumbrarle al proceso, de modo que si necesita algo de ayuda cuando sea adulto, la acepte. En realidad no necesitas bañarlo, excepto en emergencias extremas (si se ha contaminado con una substancia pegajosa o peligrosa).

Los hamsters de pelo largo necesitan un acicalado regular

29

Los hamsters mantienen limpia su piel utilizando sus dientes y garras, pero éstos son instrumentos inadecuados para la conservación de una capa de longitud poco natural. Debes acostumbrar a tu mascota de pelo largo a ser acicalada cuando es joven, antes de que su pelo alcance toda su longitud. Utiliza un cepillo de dientes suave, y pásalo con mucha delicadeza. Si a pesar de tus esfuerzos se han formado marañas, puedes deshacerlas con suavidad con los dedos si son pequeñas. Las marañas más grandes exigirán el uso de tijeras, teniendo sumo cuidado en no cortar la piel de debajo.

MANTENIMIENTO

Ambos sexos tienen una glándula odorífera en cada cadera, pero es más evidente en los machos maduros.

30

Vigila los dientes de tu hamster

Los dientes de los hamsters crecen constantemente y necesitan controlarlos royendo. Se mantienen en la longitud correcta mascando constantemente madera, bocaditos duros o piedras minerales. Sin embargo, si un hamster carece de elementos para mascar o se le coloca un diente fuera de posición, los dientes pueden crecer demasiado, y entonces tendrá dificultades para comer. Obsérvale comer y podrás localizar cualquier problema. Las señales de advertencia incluyen problemas para comer y babeo. Una vez que los dientes han crecido en exceso, debe ser el veterinario quien los recorte.

Cuidados diarios de la casa

Un cuidado diario ligero de la casa mantiene agradable la jaula. Elimina cada día cualquier elemento húmedo de la cama, y limpia la zona de higiene del hamster añadiendo virutas frescas. El suministro de alimento y el lavado también deben ser diarios. Recoge todos los restos de alimentos y de semillas del bol y, en particular, las sobras de frutas o verduras. Lava el bol de alimentos con agua jabonosa caliente y sécalo bien antes de rellenarlo. Vacía, aclara y rellena la botella de agua, vigilando que no haya grietas ni obstrucciones.

Izquierda: Coloca a tu hamster en una jaula auxiliar, en una caja de transporte, o incluso en su rueda de ejercicio mientras limpias y desinfectas su casa.

HIGIENE DE LA JAULA

¡No esperes que tu hamster aprecie tus esfuerzos!

El hamster es territorial y, por lo que a él concierne, tú estás invadiendo su hogar desordenando sus cosas. Para él, sus deyecciones y su orina son marcas olfativas que afirman su identidad y la propiedad de su hogar. Quizás exprese sus objeciones saliendo de su nido para impedirte el paso, o incluso puede morder. Ten paciencia, y crecerá acostumbrándose a la rutina.

Limpieza de la jaula

33

Las jaulas deben limpiarse a fondo a intervalos regulares –la frecuencia depende del tamaño de la jaula y de los hábitos individuales de tu hamster–.

Siempre que hayas realizado las tareas diarias de limpieza, generalmente es conveniente una limpieza completa cada quince días. Deposita al animal en una jaula auxiliar mientras trabajas. Retira las virutas viejas y friega los rincones con un desinfectante seguro para las mascotas. Las caja-nido y la cama interior (y si es posible la comida acaparada por el hamster) generalmente pueden dejarse sin tocar durante unas cuatro semanas.

34

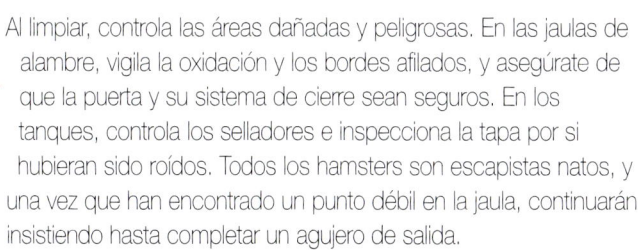

Es necesario un control periódico de seguridad de las jaulas

Al limpiar, controla las áreas dañadas y peligrosas. En las jaulas de alambre, vigila la oxidación y los bordes afilados, y asegúrate de que la puerta y su sistema de cierre sean seguros. En los tanques, controla los selladores e inspecciona la tapa por si hubieran sido roídos. Todos los hamsters son escapistas natos, y una vez que han encontrado un punto débil en la jaula, continuarán insistiendo hasta completar un agujero de salida.

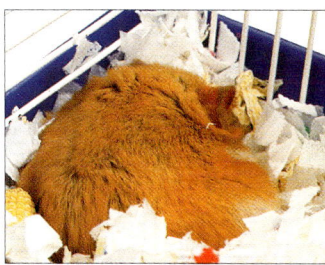

COMPRENDE A TU HAMSTER

Los hamsters necesitan dormir de día

35

Aunque frecuentemente se les describe como criaturas nocturnas, en realidad son crepusculares, y salen al anochecer estando activos hasta primera hora de la mañana. Es importante respetar sus horas de sueño. En particular, a un hamster nuevo se le debe permitir que escoja cuándo va a despertarse. Una vez que tu mascota te conozca, será muy feliz saliendo por la noche cuando oiga tu voz.

Los hamsters no pueden ver lo que hay bajo sus narices

36

Su visión de lejos es buena, pero de cerca es mala. Esto es debido a que, al igual que la mayoría de animales pequeños de presa, utilizan la vista principalmente para detectar el peligro. Las cosas que están cerca las distinguen por el olor, pero necesitan poder localizar a los predadores de lejos. El resultado es que tu hamster puede ver cómo te acercas atravesando la habitación, pero a corta distancia no puede distinguir tus dedos de las golosinas, lo cual puede conducir a algunas mordeduras hasta que te reconozca por el olor.

Izquierda: Los hamsters de ojos oscuros probablemente tienen mejor visión que los de ojos rojos o color rubí.

37
A temperaturas muy frías, los hamsters pueden desconectar

Puede ser que, ante el frío, los hamsters reaccionen cayendo en un profundo sueño tipo coma, que es una forma de hibernación a corto plazo, en la cual se ralentizan los latidos cardiacos, desciende la temperatura corporal y la respiración se vuelve imperceptible. Si encuentras a tu hamster rígido y frío en pleno invierno, no te apresures a enterrarlo. Coloca la jaula en una habitación más caliente en caso de que no esté muerto, sino dormido. Expuesto a un calor suave, un hamster hibernado se recuperará gradualmente y pronto estará como nuevo.

38
Aunque los hamsters suelen ser silenciosos, también «hablan»

La mayor parte del tiempo, los hamsters no emiten ningún sonido audible para las personas. Sólo recurren al lenguaje vocal cuando están asustados: una serie de chillidos expresa irritación, chillidos intercalados con gruñidos suaves indican cólera total, rechinar de dientes es una advertencia, y alaridos agudos significan «¡Estoy aterrorizado!». Sin embargo, pueden decirnos mucho más con el lenguaje corporal —pronto aprenderás a reconocer la relajación, la curiosidad, la actitud amistosa, la defensiva o la tensión—.

Ideas de Oro

CAPACIDAD AUDITIVA AGUDA
Los hamsters tienen un oído muy sensible (es un instrumento esencial para los pequeños animales de presa). Un hamster mascota aprenderá pronto a reconocer la voz de su amo (y a distinguirla de las voces de los extraños). Una vez que asocie tu voz con experiencias gratas (de alimentación), saldrá de su nido cuando le llames.

Arriba: Los ruidos fuertes afectan a sus sensibles oídos, por tanto mantén a tu mascota en una habitación tranquila.

EXCELENTE OLFATO
El sentido del olfato domina el mundo de un hamster. «Ven» su entorno, a otros hamsters y a las personas a través de sus narices. Lávate siempre las manos, para que desaparezcan olores potencialmente alarmantes, antes de alimentarle o de jugar con él.

PROBLEMAS DE ESCALADA
Los hamsters son muy buenos trepando –y muy malos descendiendo–. Generalmente se caen. No tienen noción de la altura, así pues nunca dejes a tu pequeño roedor sobre una mesa, ya que podría caerse por el borde.

Ideas de Oro

39

No te apresures en el manejo de un hamster nuevo

Cuando lleves a casa a tu nuevo hamster, concédele unos cuantos días para que se acomode. No se relajará hasta que su jaula le sea familiar y esté impregnada con su propio olor. Una vez que se sienta en casa, déjale que se acostumbre a tu voz, y luego al olor de tus dedos. Una mano que aparezca repentinamente

sobre su cabeza puede parecerle como un halcón, por tanto realiza todos los movimientos de forma lenta y con suavidad. Déjale que aprenda a confiar en ti antes de tratar de levantarle.

Cómo levantar a un hamster

40

Utiliza siempre ambas manos. Envuelve suavemente su cuerpo con tus dedos, dejando la otra mano detrás como apoyo. Alternativamente, puedes acunarle, con ambas manos debajo de su barriguita, colocado sobre una palma, y con la otra mano curvada ligeramente por encima. Los hamsters tienen la piel muy holgada y pueden escabullirse de un agarre flojo con facilidad. Hasta que confiéis mutuamente el uno en el otro, sujétalo de cara a tu muñeca para evitar el riesgo de que te muerda los dedos.

Manejo para hamsters nerviosos o para amos nerviosos

Si te pones nervioso al manejar a un nuevo hamster, o has de coger a uno demasiado tímido, la «técnica del bote de lata» se basa en el hecho de que pocos hamsters pueden resistirse a explorar un agujero invitador. Coloca un bote vacío delante del hamster, y generalmente entrará. Incluso si tan sólo introduce su cabeza, puedes empujarle suavemente el resto del camino. Cierra de repente tu mano sobre la abertura, y tu hamster ya está cogido.

CÓMO MANEJAR A TU HAMSTER

Los hamsters son escapistas vocacionales

Los escapados pueden volver a ser capturados utilizando una jaula «para atrapar piezas vivas», que lleve como cebo un alimento favorito. Como alternativa, puedes construir tu propia trampa, colocando el cebo en un cubo profundo, o en un cubo de basura con una escalerilla, o en un montón de libros apilados como escalones para facilitar el acceso. Una vez que el hamster haya penetrado, no podrá escalar los empinados lados del cubo para salir.

43

Diarrea y cola mojada

Un hamster con un trasero húmedo y con diarrea, tiene problemas. Los hamsters están expuestos a padecer una diarrea grave, conocida como «cola mojada», que necesita tratamiento antibiótico inmediato del veterinario. Limpia y desinfecta a fondo la jaula para evitar el riesgo de recaída en la infección. Las causas más probables son el estrés (quizá por exceso de manejo) o una higiene deficiente de la jaula. Los casos más leves de diarrea suelen ser debidos a la dieta, y el mejor tratamiento es reducir la ingestión de alimentos frescos.

Arriba: Controla la zona de debajo de la co por si hubiera suciedad, y no ignores nunca una indicación de diarrea o «cola mojada».

44

CUIDADOS DE SALUD Y ENFERMEDADES

Constipados y neumonía

Las toses y los estornudos, la secreción nasal y la pérdida de apetito indican que tu hamster se ha constipado. Mantenle caliente y quieto y, si los síntomas persisten, llévale al veterinario, pues esto podría degenerar en neumonía. Protege a los hamsters colocando las jaulas fuera de las corrientes de aire.

Abajo: Asegúrate de que tu hamster esté protegido de corrientes de aire, proporcionándole abundant cama caliente para su uso

Problemas de piel

Las manchas calvas
pueden aparecer en los
hamsters más viejos
como señal de envejecimiento. En los más jóvenes,
la pérdida de pelo puede ser debida a una dieta
inadecuada –por excesos con cacahuetes, semillas de
girasol o galletas–. Las manchas de piel calva o roñosa
son indicio de ácaros, tiña o sarna, y todas ellas
ecesitan tratamiento veterinario en una fase inicial para prevenir un
ufrimiento real. Las hinchazones y protuberancias indican también
a necesidad de visitar al veterinario, pues
ueden ser abscesos o tumores.

INFECCIONES EN LAS BOLSAS
Transportar objetos agudos, tales como tallos duros de heno, puede lesionar las bolsas de las mejillas del hamster, y entonces se inflaman. Hay que vigilar los síntomas, tales como una cara hinchada (no confundir con bolsas cargadas temporalmente), angustia general, pérdida de apetito, y dificultad para respirar. Lleva a tu mascota al veterinario inmediatamente.

GOLPE DE CALOR
En tiempo cálido, asegúrate de que la jaula de tu hamster esté a la sombra y bastante ventilada. Un roedor con demasiado calor puede sufrir un colapso, con espasmos y temblores. Actúa rápidamente y traslada la jaula a una zona más fría, con lo cual se recuperará en unos diez minutos.

Arriba: Cuando manejes a tu mascota, tómate tiempo para explorar su piel, por si tuviera alguna roña, hinchazón o protuberancia.

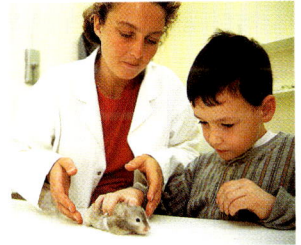

Arriba: Actualmente cada vez hay más veterinarios especializados en tratar a los hamsters.

Accidentes y primeros auxilios

La mayoría de lesiones son el resultado de caídas, de les que es probable que el hamster resulte con alguna lesión grave. Coloca la aula en un lugar caliente y oscuro, y obsérvalo cada pocas horas. Las fracturas suelen curar por sí mismas sin necesidad de entablillado, pero si se sospecha que hay algún miembro roto debes acudir al veterinario. Los pequeños cortes y mordeduras pueden lavarse con una solución salina floja.

EUTANASIA
Los hamsters muy viejos pueden perder facultades súbitamente, volviéndose débiles y decrépitos. Si no da muestras de sufrimiento, se le puede dejar por algún tiempo antes de que muera pacíficamente durante el sueño. Sin embargo, sí manifiesta sufrimiento, es más compasivo acudir al veterinario para que le practique la eutanasia.

¡Piénsalo antes de criar!

47

Antes de seguir adelante, las tres reglas básicas son: saber por qué has escogido criar esta camada, asegurarte de que crías sólo con animales sanos y bien dirigidos, y saber qué harás con los cachorritos. Por favor, no hagas criar a tu hamster hasta que tengas una buena razón para hacerlo. Ya hay muchos más hamsters criando que buenos hogares para ellos, por consiguiente no aumentes el número de mascotas no deseadas.

Arriba: A los cuatro días de nacer, estos bebés están ciegos y desnudos, pero ya tienen dientecitos y bigotes.

CONSEJOS PARA CRIAR

48

Abajo: El pelo comienza a crecer a los siete días.

La presentación de los hamsters macho y hembra requiere precaución

Utiliza una «jaula nupcial» aparte para la presentación, dejando que cada hamster pase tiempo allí por turno para acostumbrarse al olor del otro. Cuando la hembra esté en celo (indicado por una ligera hinchazón de los genitales), llévala al macho en esta jaula. Si ella está lista para aceptarle, generalmente ellos se aparearán varias veces en rápida sucesión, después de lo cual hay que trasladarla. Si ella no está a punto, se pelearán, por tanto has de estar preparado para separarles con guantes en las manos antes de que se causen daños.

49

Los hamsters tienen el periodo de gestación más corto de todos los mamíferos

La preñez dura de 15 a 18 días, y durante ese tiempo la hembra necesitará raciones extras (al igual que cuando amamante a sus bebés). Los cachorritos nacen ciegos e indefensos. La camada media es de seis, ¡pero puede oscilar de uno a veinte! No interfieras nunca en el nido, pues la madre podría matar a sus bebés y comérselos. No tendrás que esperar mucho tiempo para ver a los jovencitos.

Derecha: Los hamsters jóvenes necesitan disponer de comida en todo momento.

Ideas
de Oro

EDAD PARA CRIAR
Los hamsters pueden ser capaces de criar a una edad tan temprana como es la de seis semanas, pero no conviene permitirlo. Nunca hagas criar a hamsters de menos de seis meses, pues una preñez temprana afectaría el crecimiento de una hembra.

EL CICLO DE LA HEMBRA
Las hembras de los hamsters entran en celo aproximadamente cada cuatro días, cuando son receptivas al macho. Su reloj corporal se activa con la oscuridad, por tanto presenta la hembra a su compañero al crepúsculo. Por lo general, los hamsters crían más en los meses de verano.

50

Los cachorritos de hamster crecen con sorprendente rapidez

Para apoyar este crecimiento necesitan comida abundante.

Comienza a manejarlos tan pronto como hayan abierto los ojos, para que se vayan acostumbrando a la domesticación con la mano. Entre los 25 y los 28 días deberían estar totalmente destetados y hay que separar a la madre. Tan pronto como sea posible después de esto, conviene separarlos y agruparlos por sexo.

PRECAUCIÓN
Algunas variedades de hamsters no deben aparearse nunca entre sí. Por ejemplo, la unión de dos blancos con ojos negros, produce un porcentaje de bebés que nacen sin ojos, mientras que la de dos Satins produce crías con capas de piel muy fina. Consulta con criadores o con clubs de hamsters si tienes alguna duda sobre la viabilidad de un apareamiento.

31

Agradecimientos

La autora y el editor desean dar las gracias muy sinceramente a Jackie Wilson de Rolf C. Hagen (Reino Unido) Ltd, quien ha suministrado generosamente equipamiento para las fotos de este libro. Gracias también a Larissa Rowe (la dueña de Anomen y Minsc), y a los modelos Alexia McGuire, Chloe Anderson, Harriet de Freitas, y a Kate Elsom, Nottcutts Garden Centre, Cranleigh por proporcionar hamsters para las fotografías, y a Peter Dean, de Interpet Ltd, por su ayuda con los montajes fotográficos.

Créditos fotográficos

La mayoría de las fotografías reproducidas fueron tomadas por Neil Sutherland específicamente para este libro, y son copyright de Interpet Publishing. Otras fotos también son copyright de Interpet Publishing, con excepción de la que figura en la página 29 derecha (RSPCA Photolibrary).

Título de la edición original: **Gold Medal Guide: Hamster.**

Es propiedad, 2004
© Interpet Publishing Ltd.

© de la traducción: **Fernando Ruiz Gabás.**

© de la edición en castellano, 2006:
Editorial Hispano Europea, S. A.
Primer de Maig, 21 - Pol. Ind. Gran Via Sud
08908 L'Hospitalet - Barcelona, España.
E-mail: hispanoeuropea@hispanoeuropea.com

Depósito Legal: B. 13110-2006.

ISBN: 84-255-1652-8.

Consulte nuestra web:
www.hispanoeuropea.com

IMPRESO EN ESPAÑA   PRINTED IN SPAIN

LIMPERGRAF, S. L. - Mogoda, 29-31 (Pol. Ind. Can Salvatella) - 08210 Barberà del Vallès